LA

RÉVOLUTION

DE 1830

JUGÉE PAR SES ACTES.

A PARIS,

CHEZ G.-A. DENTU, IMPRIMEUR-LIBRAIRE,
rue d'Erfurth, n° 1 *bis*;

ET PALAIS-ROYAL, GALERIE D'ORLÉANS, n° 13.

1831.

LA RÉVOLUTION

DE 1830

JUGÉE PAR SES ACTES.

On nous dit chaque jour que la dernière révolution a été faite pour le bien et dans l'intérêt du peuple; que c'est pour le tirer de l'esclavage et de la misère où voulait le conduire le gouvernement de Charles X, que les amis de ce bon peuple ont renversé la branche aînée des Bourbons : or, examinons franchement et sans passion ce que nous avons gagné aux glorieuses journées de juillet.

Les novateurs prétendent d'abord que le gouvernement monarchique était trop coûteux; mais, en bonne conscience, celui sorti des barricades a-t-il donc diminué nos charges et amélioré notre position? Non, mille fois non!

Sous Charles X, les fortunes particulières étaient florissantes, sous Louis-Philippe elles ont diminué de moitié, et les charges publiques se sont fortement accrues.

On s'est acharné contre le gouvernement légitime et paternel des Bourbons, qui enrichissait la France et le peuple ; et aujourd'hui on vient, sans y réfléchir sans doute, nous vanter une administration qui a fait périr le crédit de la nation, et réduit un grand nombre de familles à la mendicité.

Sous les ministres royalistes que les hommes maintenant au pouvoir n'ont cessé d'attaquer, la France était respectée au-dehors, l'argent abondait, l'intérêt même était abaissé, toutes les entreprises prospéraient, le crédit s'élevait à un point inconnu, les ouvriers trouvaient du travail et ne se plaignaient pas, les impositions diminuaient, la France enfin était prospère, heureuse et puissante. Sous les différens ministères qui, depuis les *glorieuses journées,* ont dirigé les affaires, on n'a vu que misère, on n'entend que murmures et lamentations ; notre gouvernement, humilié aux yeux de l'Europe, est soumis aux volontés de l'Angleterre, les ouvriers manquent de travail ; de là ce mécontentement, ces émeutes continuelles qui, ébranlant à chaque instant la confiance, semblent remettre en question jusqu'à l'existence de la société elle-même. L'état est sans crédit, les capitaux se resserrent, et le commerce, anéanti en tous lieux, n'offre plus de ressources à la classe ouvrière. Les impositions, loin de diminuer, prennent un accroissement effrayant, et nous sommes cependant en temps de paix ; que serait-ce donc si la guerre, avec ses chances incertaines, venait encore augmenter l'horreur de notre position !

Qu'on ne nous accuse pas ici d'exagération ; basant nos plaintes sur la plus exacte vérité, nous vous donnerons pour preuves le tableau des impôts payés sous Charles X, et de ceux que nous devons au gouvernement à bon marché (1). Je vous le demande maintenant, hommes de cons-

---

(1) En 1827, le budget de l'Etat s'élevait à 916,608,734
En 1831, il s'élève à 1,304,397,702
Différence 387,770,968
que le gouvernement de la révolution dépense de plus que le gouvernement légitime.

En 1827, les contributions directes
s'élevaient à 276,610,734 79
En 1831, elles s'élèvent à . . . 407,447,861 »
Différence. 130,837,126 21
qu'il faut que les assujétis aux contributions foncière, personnelle, mobilière, des portes et fenêtres et des patentes, paient au gouvernement révolutionnaire de plus qu'au gouvernement légitime.

(Lois des 6 juillet 1826, 18 avril et 16 octobre 1831.)

cience; quelle que soit votre opinion, répondez, qu'avez-vous gagné à la révolution de juillet, si ce n'est la misère, qui chaque jour s'offre à nous sous les couleurs les plus noires.

Que quelques hommes trompés par les discours de ces grands prôneurs de révolution aient pu sourire un instant au rêve d'une liberté chimérique que l'on présentait sans cesse à leur imagination, je le conçois. J'admets même que des gens de bonne foi aient pu croire que la révolution et le gouvernement sortis de l'insurrection feraient le bonheur et la gloire de la France, mais aujourd'hui que de toutes parts on voit le mécontentement causé par le malaise général, aujourd'hui qu'il est si facile de comparer notre position actuelle avec celle antérieure aux événemens de juillet, comment ne pas ouvrir les yeux au souvenir du passé, et n'être pas épouvanté de l'abîme entr'ouvert sous nos pas ?

Vous avez combattu, dites-vous, pour la liberté, mais qu'aviez-vous donc besoin de combattre pour un bien que vous possédiez depuis long-temps ; car la restauration, pendant ses quinze années d'existence, ne vous avait elle pas donné mille fois plus de vraie liberté que vous n'en devez au gouvernement de juillet ?

Sous Charles X tout Français pouvait circuler

librement, je dirais même sans passeport; on ne cherchait pas à connaître le but secret de son voyage; pourvu qu'il respectât la loi, il était protégé : sous Louis-Philippe, le ministère Périer, prôneur de la liberté, ordonne à tous ses agens de surveiller activement les démarches de certaines gens; de sonder, d'interpréter les intentions, même présumées, des hommes qu'il croit être attachés de conscience et de cœur à l'ancienne dynastie; le ministère, dans sa frayeur, donne l'ordre d'épier leurs démarches, de prévenir même l'autorité des lieux où ils doivent passer, afin de s'assurer s'ils ne se sont point écartés de l'itinéraire qu'il avait indiqué (1). Or, je vous le demande, jamais, sous Charles X exerça-t-on une pareille inquisition ; jamais, pendant les

---

(1) Circulaire du ministre de l'intérieur aux préfets, du mois de septembre dernier.

Sous le gouvernement légitime, les frais de police s'élevaient, savoir :

Pour la police intérieure, à 1,500,000

Pour la police extérieure, à 700,000

Total. 2,200,000

(Loi du 2 août 1829; ordonnances des 22 novembre et 6 décembre 1829.)

Sous le gouvernement de la révolution, les frais de police s'élèvent, savoir :

quinze années de restauration, employa-t-on une
police aussi fatigante à l'égard des individus qu'on
savait pourtant, à n'en pas douter, être en hostilité
manifeste avec l'ordre de choses alors existant?

Que pensez-vous de ces visites domiciliaires
faites au mépris des lois les plus sacrées? Ne serait-ce pas dans le but de soulever les masses
grossièrement abusées contre des citoyens hono-
rables dont le seul crime est de regretter un passé
qui faisait le bonheur de la patrie? Que diriez-
vous de ces violentes persécutions dirigées contre
le clergé? De ce mépris qu'on cherche à déverser
sur les ministres d'un Dieu de paix? De cet achar-
nement à renverser les croix, signes révérés de
notre sainte religion? De ces chansons obscènes
que partout on colporte, et dans lesquelles on ose
insulter à tout ce qu'il y a de plus sacré, même

Pour la police intérieure, à 8,000,000
(Loi des 16 octobre et 6 novembre 1831.)
Pour la police extérieure, à 1,200,000
(Loi du 16 octobre 1831.)

Total. 9,200,000

Ainsi, le gouvernement de la révolution, qui s'est si
fort élevé contre les espions et les prétendus agens provocateurs de la restauration, emploie à solder des espions
et des agens provocateurs 7 millions de plus que le gouvernement légitime.

au Dieu qui pardonne? Voilà pourtant ce que chaque jour nous voyons. Répondez. Toutes ces infamies, que sans nul doute on laisse débiter à dessein, n'auraient-elles pas pour but de détruire dans le cœur de l'homme ces sublimes doctrines seules capables de l'arrêter au moment de commettre le mal?

Hommes sensés, qui avez déjà traversé des jours de sanglante mémoire, c'est à vous que je m'adresse, reportez pour un instant vos souvenirs sur le passé, rappelez-vous notre première révolution (faite également au nom de la liberté et soi-disant dans l'intérêt du peuple), et dites-moi si déjà vous n'avez pas trouvé une ressemblance effrayante avec notre époque; encore un pas, et la ressemblance sera complète et terrible: car vous aurez 93 et ses horreurs!....

Mais, me direz-vous, on nous répétait sans cesse que Charles X, à l'instigation des nobles et du clergé, voulait rétablir la dîme et les droits féodaux. Hommes de bonne foi, comment avez-vous pu croire à de semblables absurdités? Comment avez-vous pu admettre qu'il fût possible de revenir vers un passé qui ne nous appartenait plus? Comment imaginer que le clergé lui-même eût demandé une chose aussi impolitique, puisqu'elle lui eût aliéné tous les cœurs, et excité un mécontentement général? Il ne faudra, j'espère, pour vous prouver toute l'injustice d'une pareille crainte, que vous montrer que ce rétablissement était impossible. En effet, qui eût payé la dîme? Les propriétaires fonciers, soit nobles, soit roturiers; or, comment supposer que des gens qui auraient eu plus ou moins à payer en raison de leur fortune, eussent approuvé, désiré même une loi qui aurait lésé d'une manière plus ou moins forte leurs propres intérêts, et par conséquent diminué plus ou moins leurs moyens d'existence? Il en est de même des droits féodaux. Non, jamais en France de pareilles lois ne pourront se rétablir, et les hommes qui sans pudeur abusèrent à ce point de votre crédulité, avouent eux-mêmes aujourd'hui qu'ils jouaient la comédie, et que c'était un fantôme dont ils voulaient vous effrayer pour arriver au bouleversement qu'ils méditaient depuis quinze ans. Maintenant qu'ils ont réussi dans leurs affreux projets, c'est à nous de les juger, ces hommes pervers, c'est à nous de mettre dans la balance et le bien qu'ils nous ont promis et le bonheur que nous devions à quinze années de gloire, de paix et de prospérité.

Aujourd'hui, ces hommes perfides, effrayés du mécontentement que produit l'augmentation des impositions, ne voudraient-ils pas, se couvrant du voile de l'hypocrisie, faire accroire que cette augmentation est uniquement pour payer les dettes de Charles X. Malheureux prince ! ce n'est donc pas assez de l'exil, il faut encore que la calomnie la plus noire s'efforce de t'attribuer tous nos maux ? Mais non, tous les hommes impartiaux publieront que nos malheurs ne sont pas ton ouvrage. Bons habitans des campagnes, c'est surtout à vous que je m'adresse ; ne croyez rien de ces fables absurdes ; Charles X, en partant pour l'exil, n'a laissé pour toutes dettes sur la liste civile qu'une somme de *trois millions*, encore cette dette s'est-elle trouvée réduite des deux tiers par les deux millions trouvés aux Tuileries après son départ. Voilà la seule dette que laisse le petit-fils de Saint-Louis, qui, pour dernier adieu, vous dota d'un royaume ! Mais puisque l'on pousse l'ingratitude et la méchanceté à ce point, qu'il nous soit donc permis de demander à nos héros de juillet ce qu'ils ont fait de ces millions que, tous frais de guerre payés, nous devions à la brave armée qui, sous Charles X, et *malgré l'Angleterre*, fut conquérir de riches possessions (1). Demandons-leur ce qu'ils ont

---

(1) La conquête d'Alger nous a valu, indépendamment

fait de ces 700 millions dont ils ont accru notre budget immédiatement après leur victoire si féconde en ruines de toute espèce! Puisqu'ils se taisent, je répondrai pour eux. Ces sommes énormes ont servi d'abord à préparer la destruction et l'asservissement d'un peuple brave et généreux, qui pendant tant d'années partagea nos triomphes et nos revers, je veux parler des Polonais! elles ont servi à révolutionner la Belgique et l'Italie, à pensionner les blessés de juillet, ces héros pour la plupart repris de justice, et qu'on rencontre partout dans les émeutes, lorsqu'il s'agit de désordres et de pillage; elles ont servi à secourir ces étrangers sans aveu, qui, chassés de leur pays après avoir voulu y porter le trouble et la dévastation, viennent chercher un refuge sur le sol hospitalier de notre belle patrie (1).

---

des avantages commerciaux que nous en eussions retirés plus tard, 50,537,269 francs trouvés à la Cassauba, huit cents pièces d'artillerie de bronze évaluées à 4,000,000 fr., sans compter douze cents pièces de fonte de tout calibre, et trois mille six cent lieues carrées de terrain enlevées à la domination turque.

(1) Dernièrement encore, les ministres ont demandé à la Chambre des députés une somme supplémentaire pour ajouter aux fonds considérables déjà accordés comme secours à ces étrangers.

Voilà l'emploi que l'on a fait de ces fonds votés avec tant d'empressement et d'insouciance, tandis que sous la restauration, les malheureux Vendéens qui, pendant tant d'années avaient versé si héroïquement leur sang pour la légitimité, obtinrent à peine de faibles secours annuels de 40, 50 et 100 francs.

Répondez maintenant, n'eût-il pas mieux valu mille fois conserver ces richesses pour secourir tant de malheureux ouvriers sans travail et sans pain, pour subvenir aux besoins de tant de familles réduites à la plus profonde misère, surtout à l'approche d'un hiver qui se montre à nous sous les couleurs les plus sombres?

Comparez donc aujourd'hui ce que vous devez d'économie et de prospérité au gouvernement dont nous a doté la révolution, avec le bonheur et la gloire que nous devions à la restauration.

Mais, me direz-vous peut-être, la somme annuelle de 25 millions qu'on accordait à Charles X était beaucoup trop onéreuse, et le roi Louis-Philippe ayant une fortune considérable, la suppression ou du moins la diminution de cette allocation sera une grande économie pour les contribuables.

Pour justifier la fixation de la liste civile de Charles X, je vous répondrai d'abord que ces

25 millions accordés à l'ancienne dynastie étaient en majeure partie affectés à l'entretien des troupes de sa maison militaire, qui ne coûtait rien à l'État, et que le surplus était employé en pensions accordées à de vieux serviteurs, à des veuves et à des orphelins. Demandez plutôt à ces familles nombreuses vivant des bienfaits de Charles X et des princes. Que sont devenus tous ces infortunés qui sous un roi bienfaisant ne connaissaient point le malheur? Hélas! pour prix d'une vie sans reproche et d'un long dévouement, ils languissent dans l'indigence! Consultez les journaux de l'époque, vous verrez chaque jour de nouvelles sommes données pour encourager l'industrie, de nouveaux secours accordés aux malheureux (1); voilà le noble emploi que faisait de sa liste civile le roi que Paris à rejeté dans l'exil!

Louis XVIII et Charles X, en montant sur le

---

(1) Sur la liste civile de Charles X, une somme de 7,000,000 était distribuée en pensions et secours à cinq cents familles.

Louis-Philippe a un revenu de	8,000,000
Il reçoit du trésor	18,000,000
Il a donc un revenu de	26,000,000

Il ne paie ni maison militaire ni maison civile, et il fait payer par l'État les pensions que Charles X payait sur sa liste civile.

trône, avaient fait à l'État, au détriment de leurs propres héritiers, l'abandon de leurs biens personnels ; n'était-il donc pas juste que l'État leur accordât au moins une pension viagère pour eux et leur famille ?

Louis-Philippe, ce roi des barricades, en a-t-il fait autant ? non, certes. Loin de suivre l'exemple de ses cousins, Louis-Philippe, avant d'accepter la couronne, a fait, par acte authentique, à ses enfans, la donation de tous ses biens, s'en réservant seulement l'usufruit ; mais comme cet acte, vu la valeur énorme des biens donnés, lui eût coûté une somme considérable s'il eût été revêtu des formes voulues, *il a été ordonné de l'enregistrer gratis.* Je vous le demande, bons pères de famille, lorsqu'il vous a plu d'avancer vos enfans de succession, a-t-on eu pour vous la même générosité ? Eh quoi ! sous un régime légal, le roi-citoyen serait-il donc le seul dispensé des charges que la loi nous impose à tous ? Malgré son immense fortune, Louis-Philippe a encore reçu de la France, à titre de liste civile, une somme de un million 500 mille francs par mois, depuis son avènement au trône. Est-ce là de l'économie ?

Il est, avant de terminer, un point essentiel sur lequel j'insisterai avec d'autant plus de force, que les calomnies qui ont plané sur le gouvernement renversé ont été plus atroces et d'une absurdité sans exemple. Je veux parler des incendies qui, quelques mois avant la chute de Charles X, désolèrent une partie de la France, et notamment la Normandie. Vous vous rappelez sans doute avec quelle animosité certaines personnes s'acharnèrent à accuser les royalistes, les nobles et les prêtres, le roi lui-même d'être les auteurs de pareils désastres. Quoique ces accusations ridicules, misérables, fussent dénuées de tout fondement, elles s'accréditèrent facilement auprès de la multitude inquiète et crédule, et par cela même empressée de connaître et de signaler les auteurs de tant de maux. Il est donc de l'intérêt du parti légitimiste de démontrer de la manière la plus évidente, d'abord que jamais l'idée d'un pareil crime n'est entrée dans l'esprit d'hommes qui, par les principes d'honneur et de délicatesse dont ils se sont toujours fait gloire, s'indignent à la pensée seule du soupçon; en second lieu, que cette mesure, s'ils eussent été assez coupables pour la concevoir, eût entraîné infailliblement la ruine du gouvernement, et par conséquent la leur.

Quand un homme, abandonnant tout sentiment honnête, se décide à commettre un crime, il faut, vous l'avouerez, qu'il trouve, du moins, dans le résultat un avantage certain. Or, je vous le demande, quel intérêt les royalistes, les nobles, les prêtres et Charles X lui-même auraient-ils eu à payer et à protéger les incendiaires qui, pendant quelques mois, désolèrent nos campagnes?

Un roi, pour se maintenir, n'a-t-il pas besoin de la tranquillité publique? son trône n'a-t-il donc pas pour principal appui l'amour du peuple? n'a-il donc pas besoin de faire rentrer les impôts? Un gouvernement, quel qu'il soit, ne se ressent-il donc jamais de l'inquiétude, de l'agitation et du mécontentement général? Charles X, les royalistes et le clergé, loin de profiter des malheurs du peuple, n'ont-ils pas été eux-mêmes les premières victimes de ces incendies que la méchanceté de leurs ennemis se plaisait à leur attribuer?

Ne sont-ce pas ces bruits mensongers qui ont préparé la chute du trône, en altérant la confiance et l'affection d'une population naguère fidèle et heureuse? N'est-ce pas à ces sourdes manœuvres, à cette irritation générale, que les ennemis du gouvernement d'alors aimaient à propager, que nous devons l'opinion universellement répandue (dans ces contrées), que le roi faisait brûler ses sujets? Etrange manière, vous en conviendrez du moins, de conquérir les cœurs et de faciliter la rentrée des impôts; car, vous le savez, Charles X a constamment fait remise du montant de leurs contributions aux pauvres incendiés, et, de plus, les membres de la famille royale exilée faisaient toujours parvenir aux malheureuses victimes quelques secours pour adoucir leur position, et les aider à se relever de leurs pertes.

Depuis le départ de Charles X pour la terre d'exil, le gouvernement de Louis-Philippe, obéissant aux exigences d'un peuple irrité, a mis en jugement les ministres que tant de fois les clameurs populaires avaient désignés comme les auteurs des incendies. Qu'en est-il résulté?

Malgré les recherches les plus sévères, les enquêtes les plus minitieuses; malgré le désir même de trouver des coupables, le ministère public a déclaré, devant la Chambre des pairs, que non-seulement les ministres de Charles X étaient innocens de l'accusation portée contre eux, relativement aux incendies, mais encore, fixé par l'évidence, il a même reconnu qu'ils avaient fait tout ce qui était en leur pouvoir pour découvrir les coupables, et les livrer à la vindicte des lois. Que penser maintenant de ces bruits calomnieux qui, semés à dessein, ont fait pendant si long-temps regarder comme le chef des brûleurs M. de

Polignac, que nous seuls pourrions, ce me semble, accuser d'incapacité, et dont nous sommes *loin d'approuver tous les actes?* Que diriez-vous de cette haine à mort qu'on avait excitée si méchamment contre lui?

Hommes sans délicatesse, qu'anime un lâche désir de vengeance, avez-vous pu calculer froidement tout le mal que vous saviez faire? Comment, sans remords, avez-vous pu exposer ainsi des hommes recommandables, au moins par leurs malheurs, aux fureurs d'une multitude qui, dans sa colère, ne connaît jamais de bornes?

Que diriez-vous donc, si, dans le juste ressentiment que soulève votre conduite à notre égard, nous faisions peser sur vous, oui, sur vous seuls, la responsabilité d'un crime que vous n'avez pas craint d'assumer sur nos têtes? N'aurions-nous pas mille fois plus de raisons de faire planer sur vous nos soupçons?

Qui avait intérêt à propager la calomnie? Vous tous, car par-là vous écartiez la considération et les respects dont le trône était environné, respects qui, seuls, pouvaient le protéger contre vos affreux projets et prévenir sa chute.

Qui a recueilli le fruit de tous vos mensonges? Vous seuls.

A qui ont profité les incendies? A vous seuls.

Qui a gagné, lorsque le gouvernement a fait sortir de Paris la garde royale, cette troupe que vous saviez si fidèle, si dévouée, et que malheureusement on dissémina loin de la capitale? Vous seuls encore, car son éloignement vous livrait le trône sans défense et sans appui.

Serait-ce donc avec injustice que nous vous accuserions aujourd'hui de tous ces désastres, vous qui avez si bien profité de tous les malheurs qui en furent les suites?

Si Charles X et ses partisans eussent été les auteurs de pareils crimes, le gouvernement actuel aurait-il poussé la bonté jusqu'à nous épargner les horreurs d'un supplice si justement mérité? Nous eût-on, nous, pauvres carlistes, recommandés avec tant de sollicitude à la clémence royale? Oh! non, bien certainement, non!!!

Depuis la révolution de juillet, ne voulant pas laisser sans jugement les personnes arrêtées pour cause d'incendies (ce qui eût été trop fort), le ministère public a fait comparaître devant les assises de plusieurs départemens les prévenus retenus dans les prisons. Plusieurs ont été reconnus coupables, et, comme tels, ils ont été condamnés à la peine de mort. A Caen, deux femmes, à Coutances, un nommé Bonnet de Saint-Lô, et plusieurs autres dans différens départemens ont vu prononcer contre eux la peine capitale. Eh bien! je vous le demande, avez-vous entendu dire qu'un seul de ces scélérats ait subi sa condamnation?. Non; tous ont été graciés, et, pour la plupart, ils n'auront pour prix d'un tel forfait qu'une légère détention à subir.

A Dieu ne plaise que je veuille ici porter atteinte à la clémence de Louis-Philippe : non, la prérogative de la couronne est trop belle pour que j'ose blâmer le prince d'user d'indulgence; mais croyez-vous qu'une détention perpétuelle eût été trop rigoureuse pour des hommes auteurs de tant de maux?

Ah! si ces individus eussent été vraiment des carlistes soudoyés par Charles X et les ministres de la religion, on avait, vous le savez, trop d'intérêt à les livrer à la haine publique, pour croire qu'on eût usé d'autant d'indulgence à leur égard.

Je n'en veux pour preuves que les vexations journalières auxquelles sont exposés des hommes soupçonnés seulement d'attachement à la dynastie renversée. Il faut donc bien le reconnaître, les accusations qui ont soulevé Paris, précipité du trône trois têtes royales, reposaient sur des calomnies, et la révolution a enlevé au peuple ceux qui le soulageaient dans sa misère.

FIN.

PARIS. — IMPRIMERIE DE G.-A. DENTU,
rue d'Erfurth, nᵒ 1 *bis*.

9 782011 619167